Bibliografische Information der Deutschen Nationalbibliothek:

Die Deutsche Bibliothek verzeichnet diese Publikation in der Deutschen National-
bibliografie; detaillierte bibliografische Daten sind im Internet über http://dnb.d-
nb.de/ abrufbar.

Dieses Werk sowie alle darin enthaltenen einzelnen Beiträge und Abbildungen
sind urheberrechtlich geschützt. Jede Verwertung, die nicht ausdrücklich vom
Urheberrechtsschutz zugelassen ist, bedarf der vorherigen Zustimmung des Verla-
ges. Das gilt insbesondere für Vervielfältigungen, Bearbeitungen, Übersetzungen,
Mikroverfilmungen, Auswertungen durch Datenbanken und für die Einspeicherung
und Verarbeitung in elektronische Systeme. Alle Rechte, auch die des auszugsweisen
Nachdrucks, der fotomechanischen Wiedergabe (einschließlich Mikrokopie) sowie
der Auswertung durch Datenbanken oder ähnliche Einrichtungen, vorbehalten.

Impressum:

Copyright © 2008 GRIN Verlag, Open Publishing GmbH
Druck und Bindung: Books on Demand GmbH, Norderstedt Germany
ISBN: 9783640561841

Dieses Buch bei GRIN:

http://www.grin.com/de/e-book/145828/seminarunterlage-outlook-2003

Michel Beger

Seminarunterlage Outlook 2003

GRIN Verlag

GRIN - Your knowledge has value

Der GRIN Verlag publiziert seit 1998 wissenschaftliche Arbeiten von Studenten, Hochschullehrern und anderen Akademikern als eBook und gedrucktes Buch. Die Verlagswebsite www.grin.com ist die ideale Plattform zur Veröffentlichung von Hausarbeiten, Abschlussarbeiten, wissenschaftlichen Aufsätzen, Dissertationen und Fachbüchern.

Besuchen Sie uns im Internet:

http://www.grin.com/

http://www.facebook.com/grincom

http://www.twitter.com/grin_com

Michel Beger

Seminarunterlage
Outlook 2003

1 Inhaltsverzeichnis

2 Allgemeine Einstellungen

2.1 Postfach – Persönlicher Ordner

Das Programm Outlook der Firma Microsoft kann in verschiedenen Konfigurationen benutzt werden:

2.1.1 Postfach

Im Normalfall haben Sie eine Anbindung an das Netz mit einem *Exchange-Server.*

Das heißt, alle Ihre E-Mails, Kalenderdaten, Kontakte usw. liegen alle in Ihrem *„Postfach"* auf dem *Exchange-Server,* werden dort gesichert und stehen Ihnen auch bei einem Umzug in ein anderes Büro mit einem anderen PC zur Verfügung.

2.1.2 Persönlicher Ordner

Bei einem *Persönlichen Ordner* handelt es sich um eine Datei, die lokal auf Ihrem PC liegt bzw. auf einem Netzlaufwerk. Dies kann von Nutzen sein, wenn Ihr Postfach die Maximalgröße erreicht, und Sie alte E-Mails „auslagern" wollen.

☝ **Hinweis:** Ein „persönlicher Ordner" sollte **nicht lokal** auf Ihrem PC gespeichert sein.

2.2 Größe des Postfachs

Die maximal zulässige Größe Ihres Postfachs ist begrenzt. Ab 40 MB erhalten Sie einen Warnhinweis, ab 80 MB Postfachgröße können Sie keine E-Mails mehr senden.

Als Beispiel: Eine durchschnittliche E-Mail mit einem Word-Dokument als Anlage hat eine Größe von ca. 50kB, d.h. Sie könnten 1200 E-Mails mit Word-Dokument in Ihrem Postfach speichern. Wenn Sie jedoch mit vielen Grafiken arbeiten kann sich diese Zahl schnell verändern. Achten Sie deshalb darauf, dass Sie regelmäßig in Ihrem Postfach aufräumen:

- Löschen Sie alte E-Mails, die Sie nicht mehr benötigen
- Löschen Sie E-Mails, die Sie verschickt haben und nicht mehr benötigen, Sie finden diese im Ordner *Gesendete Objekte*
- Löschen Sie erledigte Aufgaben und Termine (siehe Kapitel „Archivieren")
- Löschen Sie E-Mails mit besonders großen Anlagen (Präsentationen, Grafiken usw.)
- Erstellen Sie einen persönlichen Ordner (siehe Kapitel „Datendatei")

Sie können jederzeit feststellen, wie groß Ihr Postfach ist:

Klicken Sie mit der *rechten* Maustaste auf Ihr *Postfach* und dort auf **Eigenschaften für "Postfach - ..."** und dann auf die Schaltfläche **Ordnergröße.** Sie sehen dann dort die Gesamtgröße ihres Postfachs (**Größe inkl. Unterordner**) und die Größen der einzelnen Ordner.

Wenn Sie jederzeit den Überblick über Ihre E-Mails und deren Größe behalten wollen, gibt es auch die Möglichkeit sich die Größe der einzelnen E-Mails anzeigen zu lassen:

Klicken Sie dazu mit der **rechten** Maustaste auf die Zeile mit den Spaltenüberschriften. In dem Kontextmenü klicken Sie jetzt auf die **Feldauswahl.** Ziehen Sie jetzt mit der Maus die **Größe** aus der Feldauswahl in die Zeile mit den Spaltenüberschriften. In der neuen Spalte bekommen Sie sofort angezeigt, wie groß eine E-Mail inkl. Anlage ist. Um die Spalte nach der Größe zu sortieren klicken Sie einfach auf den Spaltenkopf mit dem Namen **Größe.**

Mit dem Befehl **Extras, Postfach aufräumen** können Sie sich bei der Löschung und Archivierung des Postfaches unterstützen lassen.

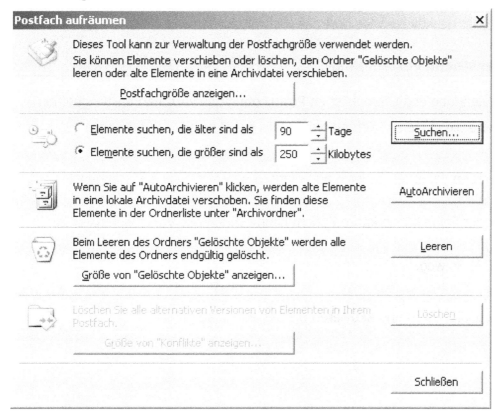

2.3   Erstellen von Ordnern

Um einen besseren Überblick über Ihre E-Mails zu behalten, oder um einfach nur „aufzuräumen" können Sie Unterordner anlegen, in die Sie dann gelesene oder erledigte E-Mails verschieben.

So legen Sie einen neuen Unterordner im Posteingang an:

- Klicken Sie mit der rechten Maustaste auf den Ordner, zu dem Sie einen Unterordner erstellen möchten, und wählen dort den Befehl **Neuer Ordner**

oder

- gehen Sie auf **Datei, Neu, Ordner**

- Geben Sie dem Ordner einen Namen:

Mit gedrückter Maustaste können Sie E-Mails von einem Ordner in einen anderen verschieben.

2.4   Löschen des Papierkorbs

Alles was Sie im Outlook löschen, landet im Ordner **Gelöschte Objekte.**

Sorgen Sie dafür, dass Ihr „Papierkorb" nicht überläuft, indem Sie beim Beenden von Outlook automatisch den „Papierkorb" leeren lassen.

So aktivieren Sie das automatische Leeren von **Gelöschte Objekte.**:

- Klicken Sie im Menü **Extras** auf **Optionen, Weitere.**
- Bei Allgemeines gibt es „**Bei Programmbeendigung Ordner „Gelöschte Objekte" leeren"**
- Aktivieren oder deaktivieren Sie dort das Kontrollkästchen.

2.5 Vorschaufenster im Posteingang

Bei der ersten Verwendung von Outlook ist im Posteingang das Vorschaufenster geöffnet.

Machen Sie sich bitte die Mühe und öffnen die E-Mails per Doppelklick und nicht im

Vorschaufenster.

Defekte E-Mails werden damit nicht gleich automatisch geöffnet, was ein „Hängenbleiben"
des

gesamten Outlook zur Folge haben kann. Zudem nimmt Ihnen das Vorschaufenster im
Posteingang

den Platz für die E-Mails weg.

So schalten Sie das Vorschaufenster aus:

Im Menü **Ansicht** deaktivieren und aktivieren Sie das Vorschaufenster

3 E-Mail Versand und Empfang

3.1 Erstellen und Versenden einer neuen E-Mail

Um eine neue E-Mail zu beginnen klicken Sie in der Menüleiste auf **Datei, Neu, E-Mail-Nachricht.**

☀ Sie können das auch schneller erreichen, indem Sie einfach auf die Schaltfläche „**Neu**" klicken. Der Hilfstext "Neue E-Mail-Nachricht" erscheint, wenn Sie mit der Maus über den Button fahren.

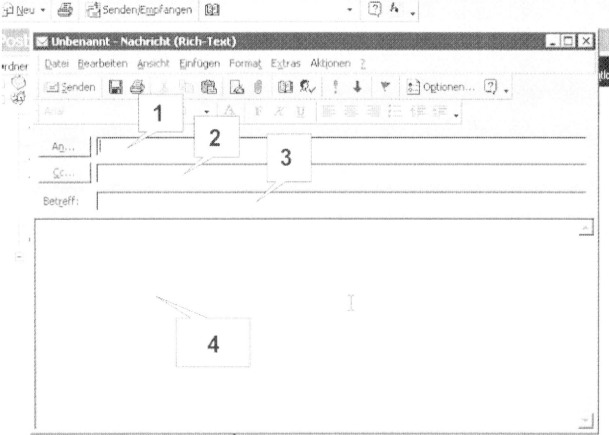

Mit dem jetzt geöffneten E-Mail-Formular werden alle neuen E-Mails verfasst.

Das erste Feld, in dem der Cursor sich direkt befindet, ist das **Adressfeld (1)**. Hier schreiben Sie die E-Mail Adresse des Empfängers hinein.

Eine E-Mail-Adresse hat im Normalfall immer folgende Form:

name@domain.kennung

Beim Statistischen Landesamt wird die E-Mail-Adresse ebenfalls in dieser Form notiert:

vorname.nachname@statistik-nord.de

Sie müssen folgende Punke beachten:

- Achten Sie auf den Punkt zwischen Vorname und Nachname, wenn der Punkt vergessen wird ist die Adresse falsch und die E-Mail wird nicht zugestellt.

- Leerzeichen, Sonderzeichen und Umlaute dürfen nicht benutzt werden

- Groß- und Kleinschreibung spielen hier keine Rolle, am Einfachsten schreiben Sie immer alles klein.

- Das @-Zeichen erzeugen Sie auf der Tastatur mit Alt GR + Q

Im Feld „**Cc...**" (2) können Sie einen Kopieempfänger eintragen.

Das nächste wichtige Feld ist der **Betreff: (3)**. Hier sollten Sie stets stichwortartig dem Empfänger mitteilen, um was es in der E-Mail geht, sodass er einen evtl. Missbrauch ausschließen kann.

Das Textfeld (4) kann beliebig lang beschrieben werden.

Wenn Sie innerhalb des Statistischen Landesamtes E-Mails verschicken, können Sie das globale Adressbuch nutzen, um eine Adresse zu suchen. Dort sind alle E-Mail-Empfänger der Stadt hinterlegt.

Dazu klicken Sie auf das Symbol „**An...**"

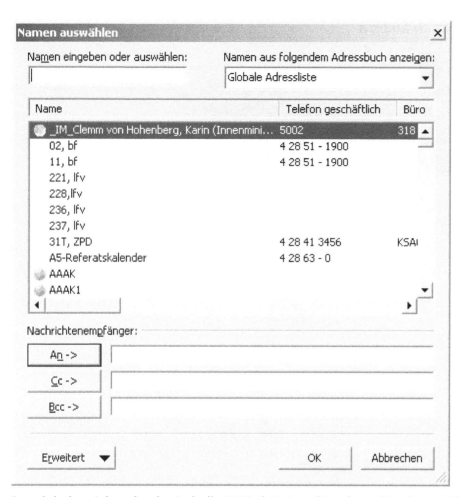

Im globalen Adressbuch sind alle E-Mail-Nutzer hintelegt. Zur Auswahl eines Empfängers geben Sie einfach die ersten Buchstaben des Nachnamens ein, Sie bekommen dann direkt eine alphabetischen Sortierung der E-Mail-Empfänger.

Mit einem Doppelklick auf den Nachnamen bzw. mit einem Klick auf **„An->"** übernehmen Sie dann den Empfänger in das rechte Fenster **Nachrichtenempfänger.** Wenn Sie alle Empfänger ausgewählt haben, schließen Sie mit **OK** und kommen dann zurück zu der angefangenen E-Mail.

Zum Versenden der E-Mail klicken Sie auf **Senden**, die E-Mail wird dann im Normalfall sofort vom Postausgang an den Empfänger weitergeleitet.

Wenn Sie eine E-Mail zuerst speichern und dann zu einem späteren Zeitpunkt verschicken wollen, klicken Sie anstatt auf **Senden** auf das Diskettensymbol. Jetzt wird die bis dahin geschriebene E-Mail im Ordner Entwürfe gespeichert, und Sie können sie von dort aus jederzeit verschicken oder auch weiter daran arbeiten.

☙ **Hinweis**: Eine Kopie aller versendeten E-Mails landet im Ordner Gesendete Objekte. Denken Sie daran, dort ab und zu die E-Mails zu löschen, die Sie nicht mehr brauchen.

3.2 Standard-Adressbuch ändern

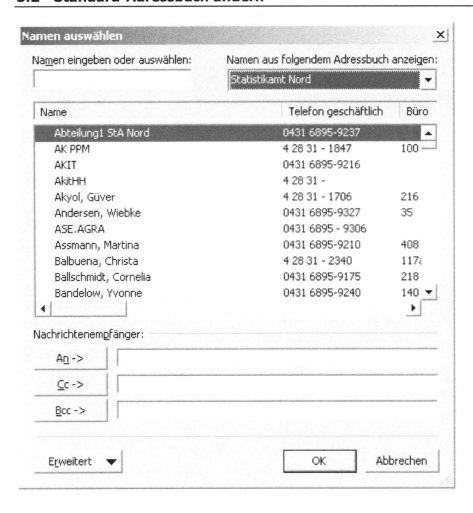

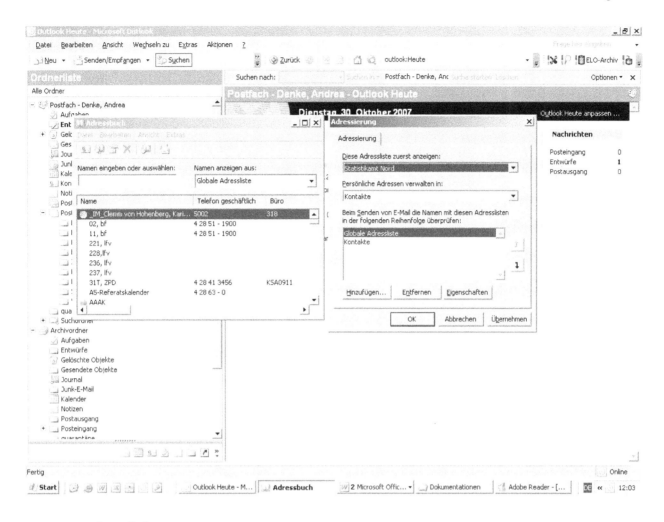

3.3 Lesebestätigung

Wenn Sie eine E-Mail verschicken und wissen wollen, ob und wann die E-Mail geöffnet wurde, gibt es in Outlook die Möglichkeit, eine „Lesebestätigung" anzufordern.

Innerhalb des Statistischen Landesamtes wird beim Anfordern dieser Lesebestätigung automatisch eine Rückantwort an Sie gesendet, sobald der Empfänger die E-Mail geöffnet hat.

Zum Anfordern einer Lesebestätigung bei einer einzelnen Nachricht beginnen Sie wie gewohnt eine neue E-Mail, dann klicken Sie auf „Ansicht", dort auf den Befehl „Optionen".

In den Nachrichtenoptionen setzen Sie einen Haken bei **„Das Lesen dieser Nachricht bestätigen".**

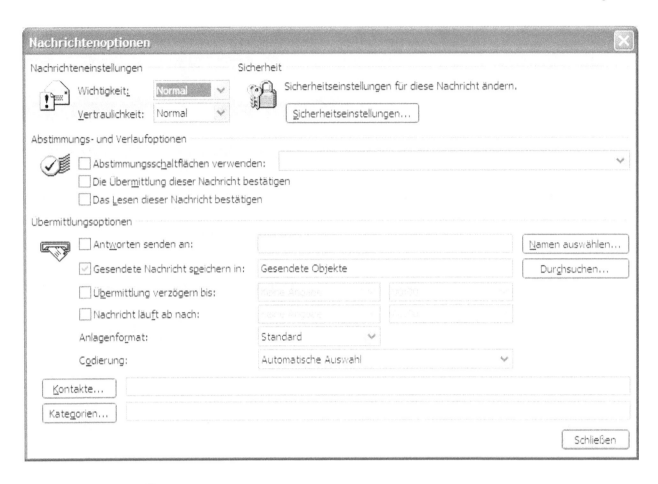

3.4 Verzögerte Übermittlung einer E-Mail

Sie können eine E-Mail auch zeitlich verzögert versenden. Dazu gehen Sie ebenfalls in die Nachrichtenoptionen und setzen einen Haken bei „**Übermittlung verzögern bis:**". Anschließend stellen Sie das Datum und die Zeit für die Übermittlung ein.

☀ **Hinweis**: Die Nachrichtenoptionen gelten nur für die E-Mail, die gerade geöffnet ist.

3.5 Empfangen von E-Mails

Generell gilt: Wenn Sie E-Mails empfangen wollen, **muss** Outlook geöffnet sein. Es reicht jedoch, wenn Sie das Programm minimiert in der Taskleiste geöffnet haben.

Beim Empfang einer neuen E-Mail erscheint in der Taskleiste rechts unten ein Hinweis. Mit einem Doppelklick auf diesen kommen Sie direkt in Ihren Posteingang. Im Posteingang finden Sie diese E-Mail an erster Stelle, wenn Sie die E-Mails nach dem Eingangsdatum sortiert haben und wenn diese nicht von einer Regel weitergeleitet bzw. in Unterordner verschoben werden.

Sortierung der E-Mails: Klicken Sie dazu auf die Spalte **Erhalten.** Nach einem zweiten Klick auf die Spalte bekommen Sie zuerst die ältesten E-Mails angezeigt. Das gleiche Prinzip gilt für alle anderen Spalten.

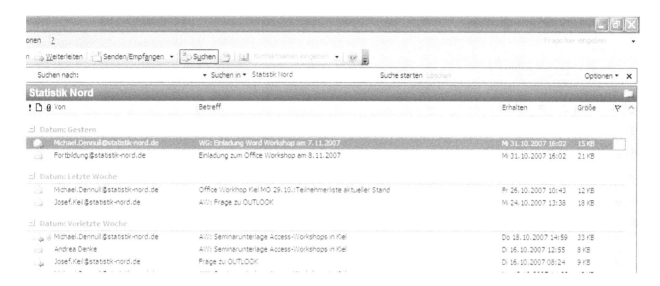

Das kleine Dreieck zeigt Ihnen, in welcher Reihenfolge die E-Mails gerade anzeigt werden:

Klick auf **Erhalten** und Dreieck zeigt nach unten:

→ E-Mails werden nach Datum sortiert, letzte erhaltene E-Mail ist oben

Klick auf **Betreff** und Dreieck zeigt nach unten:

→ E-Mails werden alphabetisch sortiert

☝ Tipp: Nehmen Sie die Spalte **Größe** hinzu, um die Größe einer E-Mail und deren Anlage zu sehen und um nach der Größe der E-Mails zu sortieren.

3.6 Erstellen und Verwalten von Signaturen

Um sich bei jeder E-Mail die Grußformel zu ersparen, können Sie eine so genannte Signatur einrichten, die jeder ausgehenden E-Mail dazugefügt wird.

Das kann einfach nur der Text „Mit freundlichen Grüßen" sein oder auch eine komplette Adresse mit Grußformel nach folgendem Schema (nach ALB-Beschluss vom September 2007):

Mit freundlichen Grüßen

Leerzeile

Titel[1] Vorname Name

Funktion[2]

Abteilung (offizielle Bezeichnung nach Organisationsstruktur)

Leerzeile

Statistikamt Nord

Straßenadresse

PLZ und Ort

Telefon mit Durchwahl

E-Fax-Nummer

E-Mail-Adresse[3]

Internet: www.statistik-nord.de

Um eine Signatur zu erstellen oder zu bearbeiten klicken Sie auf **Extras, Optionen, E-Mail-Format** und dann auf **Signaturauswahl**. Um eine neue Signatur zu erstellen klicken Sie jetzt auf **Neu...**

Hier vergeben Sie einen Namen, also eine Bezeichnung für die neue Signatur, diese sollte eindeutig und kurz sein, z. B. „extern" oder „intern"

---

[1] Hier werden nur akademische Titel wie Dr. oder Prof. Dr. eingegeben, kein Studienabschluss wie Dipl.-Ing., Dipl.-Päd., Dipl.-Wirt.Ing. oder M. A.

[2] Nur bei Vorstand, Abteilungsleitern, Referatsleitern, Gruppen- bzw. Teamleitern, ansonsten die Zeile weglassen.

[3] Hier sollte abteilungsintern geklärt werden, ob die Adresse des Funktionspostfaches oder die persönliche Adresse angegeben wird.

Klicken Sie dann auf **Weiter**.

Der Signaturtext, den Sie jetzt in das Textfeld eingeben kann beliebig lang sein und über **Schriftart** auch beliebig formatiert werden.

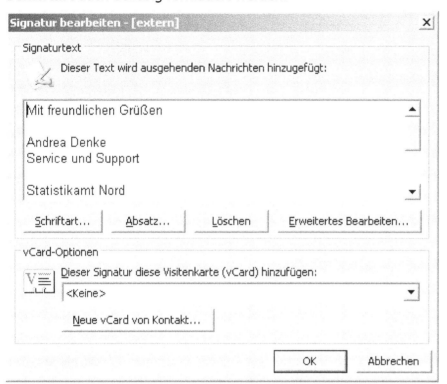

Mit der in Outlook hinterlegten Funktion mailto:E-Mail-Adresse erreichen Sie, dass der Empfänger dieser E-Mail anstatt des Mauszeigers das Symbol eines ausgestreckten Zeigefingers angezeigt bekommt. Wenn dies der Fall ist, kann er direkt über diese Funktion beim Anklicken eine neue E-Mail erstellen. Außerdem wird dann gleich die E-Mail-Adresse in das Adress-Feld eingetragen.

Wenn Sie den Signaturtext fertig erstellt haben, klicken Sie auf **Fertig stellen.**

In der Signaturauswahl sehen Sie die vorhandenen Signaturen und können dort auch vorhandene Signaturen bearbeiten und auch wieder löschen.

Mit **OK** verlassen Sie die Auswahl und befinden sich wieder in den Optionen.

In den Optionen können Sie dann festlegen, welche der Signaturen Ihre **Standardsignatur** sein soll. Bestätigen Sie die Änderungen mit **OK.**

Beim Erstellen einer neuen E-Mail wird die Standardsignatur immer automatisch eingefügt.

Sie können trotzdem auch einfach den Text löschen und über **Einfügen, Signatur** eine andere Signatur neu einfügen.

4   Anlagen

4.1   Versenden einer Datei

Sie können grundsätzlich alle Dokumente oder Dateien per E-Mail versenden.

Beginnen Sie wie gehabt eine neue E-Mail, ergänzen Sie das Adressfeld, den Betreff und den eigentlichen E-Mail-Text. Um ein-Dokument mit in die E-Mail einzufügen, klicken Sie auf **Einfügen, Datei.**

Durch einen Doppelklick auf einen Verzeichnisnamen wechseln Sie in das jeweilige Verzeichnis. Suchen Sie sich das Verzeichnis, wo Sie ihre Dokumente abgespeichert haben, und wechseln dort hinein. In dem Verzeichnis finden Sie dann das Dokument, klicken es einmal an, und bestätigen die Auswahl mit **Einfügen.**

Das Dokument befindet sich jetzt als Anlage in der E-Mail und kann mitverschickt werden.

4.2   E-Mail-Anlagen öffnen und speichern

Es gehören einige Vorkenntnisse zum Umgang mit E-Mail Anlagen.

Grundsätzlich gilt: Alle Anlagen können gefährlich sein und erheblichen Schaden anrichten!!

Da die meisten Viren als E-Mail Anlage verschickt werden, sollten Sie wissen, welche Anlagen „harmlos" sind und welche „gefährlich" sein können. Dazu müssen Sie die sog. Erweiterungen einer Datei zum jeweiligen Programm zuordnen können.

Ein Word-Dokument hat immer die Erweiterung „doc", also „brief.doc" oder „rechnung.doc", eine weitere bekannte Erweiterung ist xls, also Excel Dokumente.

Nachfolgend sehen Sie eine Tabelle mit Dateierweiterungen und dem dazugehörigen Programm.

In der ersten Tabelle sehen Sie relativ eindeutige Zuordnungen zu Programmen, weil eben ein Excel-Dokument fast ausschließlich auch wieder mit Excel geöffnet wird.

doc	Microsoft Word
xls	Microsoft Excel
mdb	Microsoft Access
ppt / pps	Microsoft Powerpoint
pdf	Adobe Acrobat
htm / html	nternet Explorer

In der zweiten Tabelle sind jedoch Dateierweiterungen, die mit verschieden Programmen gleichermaßen geöffnet werden können und somit keine feste Zuordnung zu einem Symbol haben, sondern im Windows vom jeweilig installierten Programm zugeordnet werden.

zip	Gepackte Datei (z.B. Winzip oder Powerarchiver)
jpg / jpeg / gif	Zu öffnen mit dem Internet- Explorer oder mit einem Bildbetrachter z.B. „irfanview" oder „Imaging"
psd / cdr / tif / png / eps	Bildbearbeitungsprogramme nötig (z.B. „irfanview" „Photoshop" oder „Imaging")

| mp3 / mov / mpeg / avi / wav | Audio- bzw. Videoformate, die nur mit speziellen Programmen abgespielt werden können (z.B. „Windows Media Player") |

In der dritten Tabelle sehen Sie die Dateierweiterungen, die ein hohes Risiko darstellen können.

| exe | Ausführbare Datei, die kein separates Programm benötigt, um zu starten. Viele Viren und Würmer werden als exe-Datei verschickt. Deshalb gilt: Nie eine exe-Datei öffnen |
| vbs, pif, scr,com | Andere "gefährliche" Dateierweiterungen |

Wenn sie eine E-Mail mit einer Anlage bekommen, sollten Sie also immer zuerst mal den Absender und den Betreff genauer untersuchen.

Wenn Sie keine Anlage erwarten sollten Sie immer kritisch bleiben. Niemand auf der Welt (auch nicht die Firma Microsoft) schickt Ihnen „einfach so" ein „Dringendes Update" für Internet Explorer oder sonstige Updates. Solche E-Mails können Sie sofort beruhigt löschen, am Besten natürlich ohne vorher die Anlage zu öffnen.

Sie erkennen eine Anlage an der Büroklammer.

Um die Anlage zu sehen bzw. zu öffnen müssen Sie die E-Mail öffnen. Mit einem Doppelklick auf

die jeweilige E-Mail öffnen Sie sie und sehen die Anlage.

In diesem Fall sehen Sie eine Anlage mit dem Namen „datei.pdf", also eine Datei, die Sie direkt mit dem Adobe Reader öffnen können. Wenn Sie die Datei nicht öffnen wollen, sondern zum Bearbeiten auf dem PC speichern wollen klicken Sie mit der rechten Maustaste auf die Datei und dann auf **Speichern unter...**

Durch einen Doppelklick auf einen Verzeichnisnamen wechseln Sie in das jeweilige Verzeichnis.

Suchen Sie sich also das Verzeichnis, wo Sie ihre Dokumente speichern wollen, und wechseln dort hinein und speichern die Anlage dort ab. Die Anlage bleibt nach wie vor in der E-Mail erhalten.

Wenn Sie nur sehen wollen was für eine Anlage das ist können Sie auch mit der rechten Maustaste auf die E-Mail klicken und dort dann auf Anlagen anzeigen. Sie können jetzt wieder die Anlage „datei.pdf" sehen. Hier können Sie auch mit der Maus auf die Anlage klicken um sie direkt zu öffnen.

5 Assistenten

5.1 Automatische Antwort auf eine E-Mail (Abwesenheits-Assistent)

Der Abwesenheits-Assistent bietet Ihnen die Möglichkeit, auf jede E-Mail, die Sie erhalten, eine vorher erstellte Antwort zurück zu schicken.

Ein typischer Fall hierfür ist der Urlaub: bei mehrtägiger Abwesenheit bietet es sich an, dem Absender einer E-Mail direkt zu antworten und außerdem auch gleich noch einen kurzen Hinweis auf die Dauer der Abwesenheit oder auf einen Stellvertreter zu geben.

Wechseln Sie zunächst in den *Posteingang*.

Unter dem Menüpunkt **Extras** finden Sie den **Abwesenheits-Assistenten.**

Der Assistent besteht im Wesentlichen aus zwei Teilen:

- der erste (obere) Teil: hier finden Sie ein kleines Textfeld, in das Sie die Nachricht hineinschreiben, die bei Erhalt einer E-Mail automatisch an den Absender zurückgeschickt werden soll, und die eigentliche Aktivierung des Assistenten.

- der zweite (untere) Teil: hier stellen Sie ein, was in Ihrer Abwesenheit mit den E-Mails passieren soll. Ein typisches Beispiel wäre eine Weiterleitung der E-Mails an einen Kollegen.

Zunächst füllen Sie das Textfeld aus, den Haken zur Aktivierung können Sie auch noch später setzen. Solange Sie die Option **„Ich bin zurzeit nicht im Hause"** nicht aktivieren, wird auch keine E-Mail zurückgeschickt.

Sie können also den Text schon vorher hinterlegen und nur bei Bedarf den Assistenten aktivieren.

Wenn Sie wollen, dass alle Ihre E-Mails an Kollegen weitergeleitet werden klicken Sie auf **Regel hinzufügen.**

- Machen Sie einen Haken bei **Direkt an mich gesendet**.

- Der Haken bei **Weiterleiten** bedeutet, dass alle E-Mails als Kopie an die Adresse weitergeleitet werden, die Sie im Feld **An...** hinterlegen. Mit einem Klick auf **An...** kommen Sie ins globale Adressbuch und können dort den Empfänger aussuchen´. Mit **OK** bestätigen Sie Ihre Änderungen.

Aktivieren Sie den Abwesenheits-Assistenten indem Sie jetzt die Option **Ich bin zurzeit nicht im Hause** aktivieren. Bei Ihrer Rückkehr fordert Outlook Sie dazu auf, den Abwesenheits-Assistenten wieder zu deaktivieren.

5.2 Automatische Weiterleitung einer E-Mail (Regel-Assistent)

Der Regel-Assistent ist ein sehr vielseitiges Instrument. Sie können damit E-Mails einfach an Kollegen weiterleiten (ähnlich wie beim Abwesenheits-Assistent) oder aber auch E-Mails abhängig vom Inhalt oder Betreff komplett löschen oder in einen bestimmten Ordner verschieben.

Eine einfach E-Mail-Weiterleitung erstellen Sie folgendermaßen:

- Wechseln Sie zunächst in den *Posteingang*.

- Unter dem Menüpunkt **Extras** finden Sie den **Regel-Assistenten.**

- Klicken Sie auf **Neu** um eine neue Regel zu erstellen.

- Wenn schon welche vorhanden sind, bestimmen Sie hier in welcher Reihenfolge die Regeln angewendet werden.

- Mit den Funktionen **Kopieren, Ändern, Umbenennen** und **Löschen** bearbeiten Sie vorhandene Regeln.

- Für die Einrichtung einer einfachen Weiterleitung klicken Sie auf **Nachrichten bei Ankunft prüfen,** anschließend klicken Sie auf **Weiter.**

- Die nächste Frage des Assistenten betrifft den Empfänger der E-Mail.

- Machen Sie hier einen Haken bei **die meinen Namen im Feld „An" enthält**

- Nun werden Sie gefragt, was mit der E-Mail passieren soll. Hier setzen Sie dann den Haken bei **diese an eine Person/Verteilerliste weiterleiten.**

- Jetzt muss Outlook natürlich noch wissen, an welchen Empfänger die E-Mails weitergeleitet werden sollen.

- Dazu klicken Sie im unteren Fenster auf **eine Person/Verteilerliste** , Sie kommen dann ins globale Adressbuch und können dort wie beim Erstellen einer E-Mail einen Empfänger aussuchen.

- Bestätigen Sie die Änderungen mit **Weiter**, Sie werden dann noch nach Ausnahmen gefragt, die Sie in diesem Fall auch mit **Weiter** bestätigen können.

- Jetzt vergeben Sie noch einen Namen für diese Regel. Achten Sie auf eine eindeutige und verständliche Namensgebung, es kommen ja evtl. noch mehr Regeln dazu....

- Klicken Sie dann auf **Fertig stellen.**

Wenn Sie mehrere Regeln erstellt haben, ändern Sie hier die Reihenfolge, mit der die einzelnen Regeln abgearbeitet werden bzw. aktivieren und deaktivieren Sie hier die einzelnen Regeln.

5.3   Erstellung eines „Spam"- Filters mit dem Regel-Assistent

Unter „Spam" oder „Junk-Mail" versteht man E-Mails, die von einem - oft anonymen - Absender ein- oder mehrmals an eine riesige Anzahl von Empfängern verschickt werden. Das kann eine aufdringliche Werbung sein, oder aber auch ein „Hoax" (engl. Scherz; Gerüchte-Mail meist über angebliche Viren), der dann aber z.B. einen „Dialer" oder auch einen Virus enthalten kann.

Der Regel-Assistent bietet Ihnen auch die Möglichkeit, E-Mails abhängig vom Versender zu löschen oder in einen bestimmten Ordner zu verschieben.

Anstatt der Weiterleitung wie im vorigen Abschnitt beschrieben, erstellen Sie eine Regel, mit der Sie E-Mails mit einem vorher festgelegten Absender oder Betreff in vorher erstellte Ordner oder in den Papierkorb verschieben.

Legen Sie dazu wie im Kapitel „Ordner erstellen" beschrieben einen neuen Ordner an, der z.B. „Spam" heißt.

Im Regelassistent erstellen Sie nun eine neue Regel, mit der Sie Nachrichten abhängig vom Absender in den vorher erstellten Ordner verschieben. Nehmen Sie dazu die Bedingung „mit bestimmten Wörtern in der Absenderadresse", jetzt können Sie in das Eingabefeld den Namen des Absenders eintragen, dessen E-Mails gelöscht werden sollen.

Bei der Frage „was soll mit dieser Nachricht passieren" wählen Sie „diese in den Zielordner verschieben" aus, anschließend suchen Sie sich den neu angelegten Ordner aus.

Es genügt auch ein Teil einer Adresse, um diese E-Mails zu löschen also z.B. wenn ein Absender die Adresse xyz@yahoo.de hat reicht es, wenn Sie ins Eingabefeld einfach yahoo schreiben, dann werden alle E-Mails in den Ordner Spam verschoben, die von der Adresse @yahoo.com oder @yahoo.de kommen.

6 Kontakte

6.1 Allgemeines zu Kontakten

Das *globale Adressbuch* beinhaltet alle Adressen der Stadt Hamburg und angegliederter Organisationen wie dem Statistischen Landesamt und ist für Sie nur lesbar.

Um Ihre E-Mail Adressen und sonstige Adressdaten zu speichern, nutzen Sie die *Kontakte*. Der Kontakte-Ordner ist Bestandteil Ihres Postfachs und wird somit auch gesichert und ist für andere nicht zugänglich.

Da der Ordner Kontakte zu Ihrem Postfach dazugehört ist auch er verantwortlich für die Größe Ihres Postfachs. Da jedoch ein Adresseintrag nicht sehr groß ist (ca. 1 KB) , brauchen Sie das nicht zu beachten.

6.2 Erstellen eines neuen Eintrags im Kontakte-Ordner

Einen neuen Eintrag erstellen Sie einfach durch Doppelklick in den leeren Kontakte-Ordner oder durch Klick auf **Neu** im Menü. Es erscheint dann ein neues Kontaktformular, in das die Adressdaten eingetragen werden.

Um bei der anschließenden Sortierung und Darstellung im Adressbuch keine Probleme zu bekommen, sollten Sie beim Eintragen einige Sachen beachten:

Der Name: Outlook unterscheidet natürlich nach Vor- und Nachname. Beim Eintragen des Namens sollten Sie deswegen einfach das eigens dafür vorgesehene Namensformular benutzen. Dazu klicken Sie auf **Name...** Geben Sie hier den kompletten Namen und evtl. die Anrede und einen Namenszusatz ein. Bestätigen Sie dann die Eingabe mit **OK.**

Die Adresse: Benutzen Sie auch hier am einfachsten das Formular zur Eingabe der Adresse indem Sie auf **Adresse** klicken. Geben Sie hier die komplette Adresse ein. Bestätigen Sie dann die Eingabe mit **OK.** Beachten Sie auch, dass Outlook je Kontakt unterschiedliche Adressen verwalten kann. Die erste bzw. Hauptadresse ist die Geschäftliche.

Die Telefonnummer: In dieses Eingabefeld gelangen Sie durch Doppelklick in die Zeile neben Geschäftlich. Geben Sie die jeweiligen Daten ein, das Land wird hier in dem Fall schon vorgegeben. Falls es eine Adresse im Ausland ist, können Sie hier direkt das Land auswählen, die Ländervorwahl wird dann automatisch ergänzt. Der Vorteil liegt hier in der Form der übersichtlichen Darstellung der Telefonnummern: **+49 (07131) 12345.** In der gleichen Art und Weise ergänzen Sie alle anderen Telefonnummern. Wenn .Sie keine weiteren Daten mehr eingeben wollen klicken Sie auf **Speichern und Schließen.**

Die wichtigste Angabe fehlt jedoch noch und zwar die E-Mail-Adresse. Um die E-Mail-Adresse einzugeben, klicken Sie in das Eingabefeld und schreiben dort die E-Mail-Adresse hinein. Ein Kontakt im Adressbuch kann bis zu 3 verschiedene E-Mail- Adressen besitzen. Mehr zur Eingabe von E-Mail- Adressen erfahren Sie im nächsten **Kapitel.**

6.3 Übernahme einer Adresse aus einer vorhandenen E-Mail

Wenn Sie von einem externen Absender eine E-Mail bekommen haben, bietet Ihnen Outlook die Möglichkeit, dessen Adresse gleich als Kontakt abzuspeichern. Sie vermeiden bei dieser Methode Schreibfehler bei der manuellen Eingabe der E-Mail-Adresse, einer der häufigsten Fehler beim Verfassen einer E-Mail.

Öffnen Sie die E-Mail, dessen Absender Sie zu Ihren Kontakten hinzufügen möchten. Klicken Sie dann mit der **rechten** Maustaste auf die E-Mail-Adresse. Im Kontextmenü klicken Sie dann auf **Zu den Kontakten hinzufügen.**

Das jetzt geöffnete Kontaktformular kennen Sie bereits. Ergänzen Sie die Adresse nach Belieben und Speichern dann die neue Adresse ab. Wenn Sie jetzt in Ihre Kontakte schauen finden Sie bereits die neue Adresse.

6.4   Verschiedene Ansichten im Kontakte-Ordner

So wie für alle anderen Ordner gibt es auch für die Kontakte verschiedene Ansichten. Die Standard- Ansicht ist die Adresskarten-Ansicht. Hier haben Sie einen sehr guten Überblick über Ihre vorhandenen Adressen und können bei Bedarf das vorhandene alphabetisch sortierte Indexregister benutzen. Klicken Sie dazu auf einen der Buchstaben am rechten Rand, um einen Kontakt direkt zu suchen. Bei Klick auf **W** bekommen Sie in der Ansicht den ersten Namen mit W angezeigt usw.

Ganz anders ist die Telefonlisten-Ansicht. Hier werden die Kontakte in einer Tabelle aufgelistet. Sie können dann ganz einfach umsortieren, indem Sie die betreffenden Spaltenkopf anklicken. Bei Klick auf **Name** werden die Kontakte zuerst nach Vorname sortiert, bei Klick auf **Speichern unter** werden die Kontakte nach dem Nachnamen sortiert usw.

Testen Sie einfach mal selbst die verschiedenen Ansichten in den Ordnern. Jeder Ordner stellt bereits verschiedene Ansichten zur Verfügung. Sie können anschließend immer noch die Spalten umsortieren indem Sie einfach mit der Maus per „drag and drop" die Spalten „verschieben".

6.5   Verteilerlisten

Eine Verteilerliste benötigen Sie, wenn Sie oft eine Gruppe von E-Mail-Empfängern anschreiben.

Eine Verteilerliste wird ähnlich wie ein Kontakt behandelt.

Um eine Verteilerliste zu erstellen klicken Sie im Kontakte-Ordner auf das kleine Dreieck (rechts neben **Neu),** anschließend auf **Verteilerliste** oder Sie gehen über das Menü: **Datei, Neu, Verteilerliste.**

In das erste Eingabefeld geben Sie einen Namen für die neue Verteilergruppe ein (Beispiel Verteilergruppe 1). Jetzt haben Sie die Möglichkeit über die Funktion **Mitglieder auswählen** auf Ihre Kontakte oder auch auf das globale Adressbuch zuzugreifen und dort Adressen auszuwählen oder über **Entfernen** wieder zu löschen.

Klicken Sie auf **Speichern und Schließen** um den Vorgang zu beenden

Die Verteilergruppe steht jetzt genauso wie jede andere Adresse in Ihrem Kontakte-Ordner und wird wie eine „normale" Adresse behandelt.

7   Kalender

7.1   Grundlegende Funktionen des Kalenders

Der Outlook-Kalender bietet Ihnen ein Werkzeug für verschiedenste Möglichkeiten der Termin- , Besprechungs- und Aufgabenplanung. Ein einfaches Beispiel ist ein Termin mit Erinnerungsfunktion oder ein Serientermin. Ein anderes komplexeres Thema ist dann die Planung einer Besprechung mit zusätzlicher Einladung mehrerer Teilnehmer oder aber die Nutzung eines gemeinsamen Kalenders.

7.2   Verschiedene Ansichten des Kalenders

Auch im Kalender haben Sie die Möglichkeit zwischen verschiedenen Ansichten zu wechseln. Die Standardansicht zeigt Ihnen eine Tagesansicht in der Mitte und rechts eine Kalenderübersicht von zwei Monaten und darunter den Aufgabenblock.

Eine gebräuchliche Ansicht ist die **Tagesansicht** oder die **Arbeitswoche,** es gibt aber auch noch eine normale **Woche**nansicht mit der Anzeige von Samstag und Sonntag und eine **Monatsansicht**.

Klicken Sie dazu auf die jeweiligen Symbole in der Menüleiste.

Unter **Ansicht, aktuelle Ansicht** gibt es noch mehr Möglichkeiten für die Darstellung des Kalenders.

7.3   Einen Termin im Kalender eintragen (schnelle Variante)

Die einfachste Form eines Eintrags im Kalender ist ein halbstündiger Termin mit Erinnerung ohne Wiederholung. Einen solchen Eintrag erstellen Sie ganz einfach, indem Sie durch einen Klick in den Kalender die Uhrzeit des Termins festlegen und dort in der gleichen Zeile gleich den Betreff-Text für den Termin schreiben.

In der Wochenansicht sind die Spalten für die einzelnen Tage sehr schmal. Wenn Sie mit der Maus über den Termin im Kalender „fahren" ohne jedoch zu klicken, können Sie den kompletten Text lesen

7.4   Einen Termin im Kalender eintragen (ausführliche Variante)

Mit einem Doppelklick in den Kalender eröffnen Sie ein Kalender-Formular. Mit Hilfe dieses Formulars können Sie einen neuen Termin in den Kalender eintragen und ihn auch gleich anpassen.

Die Standard-Länge des Termins ist auch wieder 30 Minuten und die Erinnerung steht auf 15 Minuten. Der Beginn des Termins wird an der Stelle im Kalender angenommen, an der Sie geklickt haben. Sie können jedoch alle Werte wie Beginn, Ende und Erinnerung ändern.

Klicken Sie zum Beenden des Vorgangs immer auf **Speichern und Schließen.**

Wenn es ein Termin ist, der sich über den ganzen Tag erstreckt, können Sie die Funktion **Ganztägig** nutzen und dort einen Haken setzen, der Termin wird dann im Spaltenkopf am jeweiligen Tag angezeigt.

7.5 Beginn und Ende eines Termins nachträglich ändern

Wenn der Termin verschoben werden soll, müssen Sie nicht noch einmal den Termin mit Doppelklick öffnen. Per „Drag and Drop" nehmen Sie einfach den Termin mit der Maus am linken blauen Rand, ziehen ihn an eine andere Uhrzeit oder auch auf einen anderen Tag und lassen dort die Maustaste los. So wird der Termin einfach verschoben.

☝ **Hinweis:** Soll der Termin kopiert werden klicken Sie zusätzlich die **Strg**-Taste. An dem kleinen „+" erkennen Sie dann, dass der Termin kopiert und nicht verschoben wird.

Wenn der Beginn oder das Ende des Termins geändert werden sollen klicken Sie mit der Maus auf die Umrandung und ziehen das Ende oder den Anfang auf die gewünschte Uhrzeit..

7.6 Regelmäßig sich wiederholende Termine (Serientermine)

Ein Termin, der sich über mehrere Tage erstreckt ist ein sog. Serientermin. Sie können einen vorhanden Termin zu einem Serientermin ändern oder einen neuen Termin zu einem Serientermin machen. Klicken Sie dazu in dem Termin auf In der Terminserie entscheiden Sie dann, wie oft und wann der Termin wiederholt wird. Bestätigen Sie hier die voreingestellten Werte, erstellen Sie einen wöchentlichen Serientermin.

7.7 Besprechungen planen und mit anderen koordinieren

Um Ihnen eine Besprechung im Outlook näher zu erklären, planen Sie im folgenden Beispiel ein Meeting, zu dem Sie andere Teilnehmer per E-Mail einladen. Eine funktionierende Besprechungsplanung mit Outlook setzt zwingend voraus, dass die anderen Teilnehmer sich auch an dieser Vorgehensweise orientieren. Ansonsten ist die Besprechungsplanung zwecklos.

Um Teilnehmer zu einer Besprechung einzuladen erstellen Sie wie gewohnt einen neuen Termin, an dem die Besprechung stattfinden soll. Tragen Sie den Betreff, Ort, Dauer usw ein.

Um andere Teilnehmer zu der Besprechung einzuladen klicken Sie jetzt auf **Teilnehmer einladen**...und aus dem Termin wird eine Besprechung. Über „**Einladung stornieren...**" können Sie jederzeit wieder zurück zu einem normalen Termin.

Andere Teilnehmer werden zu der Besprechung eingeladen, indem Sie ihnen E-Mail mit der Besprechungsanfrage schicken.

Um einen Teilnehmer auszuwählen klicken Sie auf **An...** Sie kommen dann in das globale Adressbuch, wo Sie die Teilnehmer auswählen. Man unterscheidet hier zwischen **Erforderlichen** und **Optionalen** Teilnehmern. Klicken Sie anschließend auf **OK**

In der Infozeile bekommen Sie alle Informationen, die für die Planung dieser Besprechung wichtig sind, momentan steht hier nur, dass noch keine Einladungen versendet wurden. Um den Vorgang zu beenden klicken Sie auf **Senden.**

7.7.1   → Beim eingeladenen Teilnehmer der Besprechung

Der eingeladene Teilnehmer bekommt eine E-Mail mit dem Hinweis auf die Besprechung. Er hat jetzt mehrere Möglichkeiten: er kann **Zusagen, Mit Vorbehalt** oder **Ablehnen** anklicken. In seinem Infofeld steht momentan noch „**Bitte um Antwort".**

Im Normalfall sagt der Teilnehmer die Besprechung zu, indem er auf **Zusagen** klickt.

Outlook erkundigt sich jetzt noch bei dem Teilnehmer ob die Antwort sofort gesendet werden soll. Wenn er teilnehmen will klickt er hier auf **Antwort sofort senden.** Er könnte jedoch auch die **Antwort vor dem Senden bearbeiten.**

Gleichzeitig wird die Besprechung in den Kalender des Teilnehmers eingetragen. Man kann im Kalender das Symbol einer Personengruppe erkennen. Das Symbol ist der Hinweis auf eine Besprechung.

Wenn der Teilnehmer den Termin in seinem Kalender öffnet, sieht er noch einmal alle Infos zu der Besprechung, und könnte dort auch wieder absagen.

7.7.2 → Wieder zurück beim „Besprechungsplaner"

Von dem Teilnehmer, der zugesagt hat, kommt jetzt eine E-Mail mit einer Zusage an Sie zurück. In der E-Mail stehen noch einmal alle Infos über die Besprechung. Außerdem steht der Termin natürlich auch in Ihrem Kalender. Das Infofeld weist Sie darauf hin, dass ein Teilnehmer zugesagt hat.

Es gibt auch noch eine andere Möglichkeit, Teilnehmer zu einer Besprechung einzuladen. Wir gehen von der bereits geplanten Besprechung aus und klicken auf das Register **Teilnehmerverfügbarkeit.**

7.7.3 Teilnehmerverfügbarkeit / Teilnehmerstatus

Über die Teilnehmerverfügbarkeit bekommt man zunächst den Teilnehmerstatus gezeigt. Man kann nicht nur sehen, welche Teilnehmer zugesagt haben, sondern auch welche noch nicht geantwortet haben. Klicken Sie jetzt auf **Weitere einladen...,** dann haben Sie die Möglichkeit weitere Teilnehmer zur Besprechung einzuladen.

Suchen Sie sich den nächsten Teilnehmer aus und klicken Sie auf **OK.** Die Teilnehmerliste wird sofort aktualisiert, allerdings wird die Einladung an den neuen Teilnehmer erst verschickt, wenn Sie **Speichern und Schließen** klicken. Erst jetzt entscheiden Sie, ob die Einladung an den neuen Teilnehmer verschickt wird. Der neue Besprechungs-Teilnehmer bekommt dann auch wieder eine E-Mail mit der Einladung und kann zu- oder absagen. Klicken Sie auf **OK** um die neue Einladung zu verschicken.

Der neue Teilnehmer steht dann auch mit der Antwort „Zugesagt" in der Teilnehmerliste.

Klicken Sie jetzt auf **Verfügbarkeit anzeigen**. In der Teilnehmerverfügbarkeit haben Sie einen Überblick über die Teilnehmer und deren Zeitplanung. Auf der Zeitskala können Sie die Besprechung als **Gebuchte**r Eintrag sehen. Auch in der Teilnehmerverfügbarkeit können nachträglich Teilnehmer zur Besprechung eingeladen werden mit dem großen Vorteil, dass Sie direkt sehen, ob der Teilnehmer auch Zeit hat, und nicht schon einen Termin im Kalender geplant hat.

Klicken Sie dazu auf **Weitere einladen...** und suchen sich den nächsten Teilnehmer aus. Bei den neu dazugekommenen Teilnehmern kann man sehen, dass zu der fraglichen Zeit schon ein Termin geplant ist, also kann dort die Besprechung nicht stattfinden.

Mit einem Klick auf Autoauswahl **>>** können Sie leicht den nächsten freien Bereich aller Teilnehmer bestimmen, und dort die Besprechung festlegen.

Mit **Speichern und Schließen** wird der Termin im Kalender aktualisiert und eine E-Mail mit der Änderung geht an alle Teilnehmer.

7.8 Gemeinsame Kalender / gemeinsame Nutzung von Postfächern

Im Ausgangszustand haben Sie keinen Zugriff auf ein „fremdes" Postfach bzw. Kalender. Ebenso haben andere keinen Zugriff auf Ihr Postfach. Eine gemeinsame Kalendernutzung wird erst dadurch möglich, dass das Postfach und der Kalender mit Lese- und/oder Schreibberechtigungen freigegeben werden.

 Hinweis: In diesem Kapitel wird die Vorgehensweise für den Kalender beschrieben. Für alle anderen Ordner wie z. B. Posteingang, Aufgaben oder Adressen ist die Vorgehensweise identisch!

7.8.1 Freigabe eines Kalenders

Um den eigenen Kalender für einen Kollegen zu öffnen sind zwei Schritte erforderlich:

1. Das Postfach muss „sichtbar" gemacht werden

- Dazu klicken Sie mit der **rechten** Maustaste auf die oberste Ebene Ihres Postfachs (*Outlook Heute*). Sie kommen dann in das Kontextmenü, dort klicken Sie auf die **Eigenschaften** für Ihr Postfach. Bei den Berechtigungen aktivieren Sie nur „**Ordner sichtbar**". Bestätigen Sie dann mit **OK.**

- Mit den jetzigen Einstellungen ist aber noch kein Unterordner freigegeben. Wechseln Sie jetzt zum Kalender.

2. Der Kalender muss mit einer Berechtigung für den Kollegen versehen werden.

- Klicken Sie mit der **rechten** Maustaste auf den Kalender. Sie kommen dann in das Kontextmenü, dort klicken Sie auf die **Eigenschaften**.

- Klicken Sie dann auf **Berechtigungen**. Hier wird festgelegt, wer mit welchen Rechten auf Ihren Kalender Zugriff hat. Standardmäßig sind hier natürlich keine Rechte vergeben. In den Berechtigungen klicken Sie auf **Hinzufügen** um Ihren Kollegen auszuwählen. Das Bild sollte mittlerweile bekannt sein. Hier wählen Sie den oder die Kollegen aus, die eine Berechtigung auf Ihren Kalender erhalten sollen. Es gibt verschiedene **Berechtigungsstufen**, die ausgewählt werden können. Man kann aber auch direkt eine einzelne Berechtigung anklicken. Wenn die Einträge im Kalender nur lesbar sein sollen klicken Sie einfach **Objekte lesen** an. Mit der Leseberechtigung für Ihren Kalender wird automatisch auch noch **Ordner sichtbar** mit aktiviert. Die Leseberechtigung entspricht der Berechtigungsstufe 2.

7.8.2 Zugriff auf andere Kalender

Sind die Berechtigungen vergeben, kann der „Zugriff" auf den Kalender erfolgen. Sie können ein anderes Postfach und den darin freigegebenen Kalender durch „direktes Öffnen" lesen und bearbeiten oder in Ihrem Outlook so integrieren, dass es immer geöffnet wird.

- Klicken Sie dazu auf **Datei, Öffnen, Ordner eines anderen Benutzers**

- Hier können Sie direkt den Nachnamen des Benutzers eingeben oder wieder über **Name** aus der Liste auswählen.

- Bestätigen Sie mit **OK**

Der Kalender des ausgesuchten Benutzers wird jetzt als neues Fenster geöffnet. Diese Einstellung ist jedoch nicht dauerhaft und muss bei jedem Neustart im Outlook wiederholt werden. Wenn Sie also einen dauerhaften Zugriff auf ein anderes Postfach wollen, sollten Sie sich das Postfach immer von Outlook automatisch öffnen lassen.

Um ein anderes Postfach dauerhaft zu öffnen, klicken Sie im Menü auf **Extras, E-Mail-Konten.**

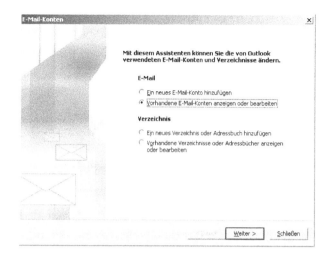

In den Diensten klicken Sie dann auf Microsoft Exchange Server (sofern dies nicht schon angeklickt ist) und dann auf **Ändern...**

Im den Eigenschaften vom Microsoft Exchange Server klicken Sie dann auf **Weitere Einstellungen**

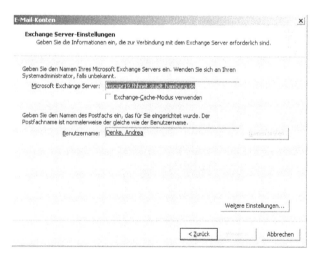

Nun wechseln Sie auf das Register **Erweitert**. Hier klicken Sie dann auf **Hinzufügen.** Sie können dann wieder über den Nachnamen des Benutzers das Postfach aussuchen, das geöffnet werden soll. Bestätigen Sie dann mit **OK.**

Der Name, den Sie eingeben wird dann automatisch aus dem globalen Adressbuch ergänzt. Wenn Sie alle Postfächer hinzugefügt haben, die geöffnet werden sollen, klicken Sie auf **OK.**

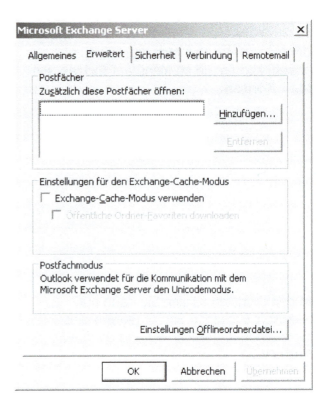

Zusätzlich zu Ihrem eigenen Postfach sehen Sie jetzt das neue Postfach. Ein Klick auf das kleine Plus-Zeichen (+) links neben dem Postfach zeigt dann die freigegebenen Ordner.

Jetzt ist der dauerhafte Zugriff auf das andere Postfach eingerichtet und kann bequem mit einem Mausklick erreicht werden.

7.8.3   Private Termine

Durch das Einrichten einer Leseberechtigung für einen anderen Benutzer geben Sie ja Leserechte für alle Einträge, die im Kalender stehen. Wenn Sie wollen, dass auf keinen Fall ein Kalender-Eintrag für andere lesbar ist müssen Sie ihn als „privat" kennzeichnen. Dann wird der Eintrag für andere nur noch als „**Privater Termin**" dargestellt.

Beim Eintragen eines neuen Termins aktivieren Sie rechts unten die Option **Privat.**

Wenn ein Eintrag im Kalender als *Privat* gekennzeichnet ist, erscheint er im Kalender mit einem Schlüssel-Symbol. Wenn Sie auf einen anderen Kalender zugreifen, der einen privaten Termineintrag enthält, sehen Sie ebenfalls den Schlüssel, aber anstatt des Eintrags sehen Sie nur „**Privater Termin**".

8 Spezielles – Tipps und Tricks

8.1 Eigene Datendatei erstellen → persönlicher Ordner

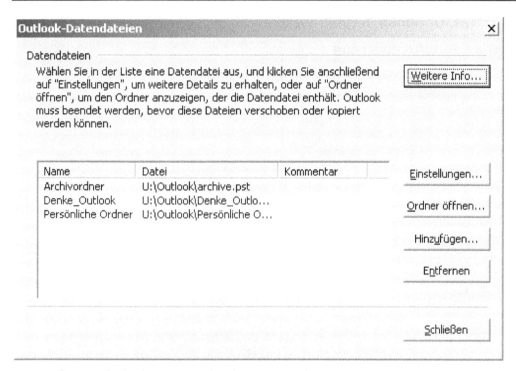

Wenn Ihr Postfach die maximal zulässige Größe von 80 MB erreicht, müssen Sie entweder alte E-Mails löschen um Platz zu schaffen oder aber Sie erstellen sich einen **persönlichen Ordner**, in dem Sie Ihre E-Mails ablegen.

- Um einen persönlichen Ordner hinzuzufügen, klicken Sie im Menü auf **Datei, Datendatei.**

- Der Dateiname für den persönlichen Ordner kann beliebig vergeben werden, achten Sie nur darauf, dass nach dem Dateiname die Erweiterung **.pst** steht. Klicken Sie dann auf **Öffnen**

Bevor der persönliche Ordner von Outlook angelegt wird, können Sie noch ein Kennwort vergeben.

Jetzt haben Sie zusätzlich zu Ihren geöffneten Postfächern einen persönlichen Ordner. Behandeln Sie ihn einfach wie Ihr normales Postfach.

Sie können dort auch Ordner anlegen. Am einfachsten ist es, wenn Sie sich einen Unterordner für E-Mails anlegen und dort alte, momentan nicht gebrauchte E-Mails hin verschieben.

8.2 Archivieren

Bei **Extras, Optionen** gibt es die Möglichkeit, eine **automatische Archivierung** einzustellen. Bei diesem Vorgang werden E-Mail-Nachrichten, alte Termine etc. nach Ihren Vorgaben in eine Archivdatei verschoben. Die Archivdatei kann hier auch angelegt werden.

- **Hinweis:** Achten Sie darauf, dass die Archivdatei nicht lokal auf Ihrem Rechner liegt.

⚙ **Archivieren bedeutet „automatisiertes Verschieben".** Falls Sie dies nicht wünschen, müssten Sie die Nachrichten selbst in einen persönlichen Ordner verschieben.
Empfehlung: Erstellen Sie eine Archivierung nur für Ihren Kalender und andere Ordner, aber legen Sie Nachrichten selbst in einen persönlichen Ordner ab.

- Gehen Sie in **Extras, Optionen**, Register Weitere.

- Klicken Sie hier auf **AutoArchivierung**.

- Nun können Sie Ihre generellen Archivierungsregeln einstellen.

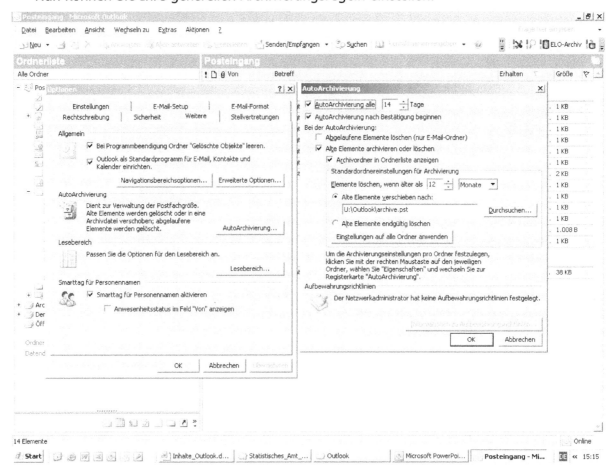

Falls Sie für manche Ordner in Outlook **abweichende Einstellungen** wünschen, gehen Sie folgendermaßen vor:

- Klicken Sie in der Ordnerliste mit der rechen Maustaste auf den Ordner.

- Wählen Sie **Eigenschaften**.

- Wechseln Sie in das Register **AutoArchivierung** und stellen Sie hier ein, wie dieser Ordner archiviert werden soll.

Die Archivierung können Sie auch selbst über **Datei, Archivieren** starten.

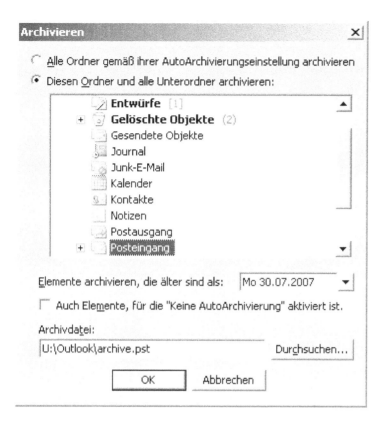

8.3 Kalendereinträge mit der Maus kopieren oder verschieben

Die Maus ist ein wichtiges Instrument beim Umgang mit Outlook. Sie können damit ganz einfach einen Termin nehmen und verschieben, ohne vorher mit Doppelklick den Termin zu öffnen und die Uhrzeit zu ändern.

- Klicken Sie mit der Maus auf den linken blauen Rand eines Termins, halten ihn dann „fest" und ziehen ihn an eine andere Stelle. Dort einfach loslassen, schon ist der Termin verschoben. Das ganze geht natürlich auch über mehrere Tage hinweg.

- Wollen Sie einen Termin kopieren, sozusagen als Serientermin klicken Sie einfach zusätzlich die **Strg**-Taste, dann erscheint ein kleines Plus (+).

- Der Termin wird jetzt kopiert und nicht verschoben. Lassen Sie die Strg- Taste einfach wieder los, wenn der Termin doch verschoben werden soll.

- Soll der Termin in einen anderen Monat verschoben werden, so ziehen Sie ihn einfach auf den Tag in der rechten Kalenderübersicht.

- Hier gilt natürlich auch wieder: **Strg**-Taste drücken kopiert den Termin.

8.4 Geburtstage bei Kontakten als Jahrestag im Kalender speichern

Einen Geburtstag eines Kollegen tragen Sie ganz einfach in den Kalender ein:

Beim betreffenden Kontakt wird das Geburtsdatum hinterlegt, der Eintrag in den Kalender wird dann automatisch vom Outlook übernommen.

- Öffnen Sie den Kontakt, bei dem Sie den Geburtstag eintragen wollen.

- Klicken Sie dann auf **Details**

- Dort gibt es ein Eintragsfeld *Geburtstag*. Sie brauchen nicht manuell das Datum hinterlegen, sondern können den Termin im Kalender auswählen und anklicken. Klicken Sie dann auf **Speichern und Schließen.**

- Der Eintrag wird im Kontakt gespeichert und gleichzeitig wird eine Verknüpfung zum Kalender erstellt.

- Im Kalender erscheint der Termin als ganztägiger Serientermin mit jährlicher Wiederholung. Der Text „**Geburtstag von**" wird automatisch angefügt.